AUX

ARMÉES FRANÇAISES.

PAR M. D.....

PARIS,

J. G. DENTU, IMPRIMEUR-LIBRAIRE;

rue du Pont de Lodi, n° 3, près le Pont-Neuf;

et Palais-Royal, galeries de bois, nᵒˢ 265 et 266.

1815.

AUX

ARMÉES FRANÇAISES.

Un sentiment profond dit à mon cœur qu'il est à propos, utile, important d'adresser à l'armée un langage digne d'elle et de la véritable cause nationale.

J'en suis convaincu, l'armée écoutera une voix franche et pure : elle ne repoussera pas les accens simples et désintéressés de la vérité.

Oui, la grande majorité, l'immense majorité de l'armée, réveillant et proclamant les principes de la justice, de la raison, de l'amour de la patrie, imposera un rigoureux silence aux passions fougueuses, comme aux intrigues machiavéliques d'une poignée de factieux , désespérés de ne pouvoir ressaisir un pouvoir dont ils n'ont fait qu'un indigne usage.

Armée française ! hâte-toi de reconnaître et de réparer les déplorables erreurs dans lesquelles on t'a entraînée , et au moyen desquelles on voudrait consommer ta perte. N'en doute point , ceux-là ne sont pas tes amis qui te soufflent un esprit de révolte contre ton Roi légitime : évite le piége que ces perfides te tendent , l'abîme où leur rage veut te précipiter. Tu combattais des ennemis , tu as cédé noblement , ta gloire est intacte. Ta position maintenant est bien changée : ces ennemis, depuis que notre Roi a été rendu à la France , ne sont plus que des alliés ; tu combattrais désormais contre des peuples qui veulent être tes amis , contre un Monarque , un père qui t'ouvre ses bras.

Français de l'armée ! vous ne fûtes jamais sourds à la voix de vos Souverains, quelques pervers seuls vous ont égarés : cédez à cet antique amour de vos Rois ; il n'est point éteint cet amour, il va se ranimer, il va se rallumer avec plus de force que jamais , et vous lui devrez gloire et bonheur. Reprenez le drapeau de la couleur du panache d'Henri IV ; il est éclatant, il est sans taches... c'est le drapeau de la France.

Vous êtes hommes, vous êtes Français ; rien ne vous fera oublier que vous êtes Français , c'est-à-dire que vous savez allier la bravoure et la sensibilité, toutes les vertus guerrières, et celles qui font les bons citoyens.

Vous aimez essentiellement votre patrie , et vous frémiriez de la seule pensée de la déchirer.... Vous frémiriez de la seule pensée d'accoler un titre abominable au titre de héros que plusieurs d'entre vous ont mérité, que vous ambitionnez tous.

Jetez les yeux autour de vous, appréciez votre situation.

Au nom de qui voulez-vous exister ? Voulez-vous servir ? voulez-vous combattre ?

Serait-ce au nom de Napoléon ? Non, et vous n'avez qu'une voix à cet égard. Ce fut sans doute un grand capitaine dans la prospérité ; mais il n'eut point le courage moral, et son ambition cruelle et démesurée a causé tous les maux de notre patrie.

Serait-ce au nom de Napoléon II ? Vous ne pouvez persister dans une pareille idée, si vous l'avez caressée un moment ; la plus simple réflexion suffira pour vous dissuader. La première abdication de Napoléon est solennelle et subsiste invariablement ; il a abdiqué pour lui, pour son fils, pour sa famille ; jamais l'Europe ne reconnaîtrait personne de cette famille ; et un Etat qui fait partie de la grande nation des Etats de l'Europe, de cette union générale, ne peut s'éloigner et s'affranchir de la ligne naturelle qui garantit les droits de famille, d'alliance et de prospérité publique.

Serait-ce au nom de la nation? Vingt-cinq années d'agitation, de troubles, de confusion, de désastres, même au sein de la victoire, nous ont appris ce que c'est que le nom de la nation : nous avons trop appris ce que c'est que le pouvoir populaire; nous avons trop appris ce que coûtent les passions des hommes agissant, décrétant, gouvernant au nom de la nation.

Mais, d'ailleurs, la nation ne s'est-elle pas expliquée? son opinion est-elle douteuse? Quelle nation jamais fut plus idolâtre de ses Rois, lorsqu'elle fut à elle-même?

Voyez notre Souverain; il est au milieu de sa capitale, entouré des acclamations du peuple. Voyez plus des trois quarts de la France bénissant

le retour d'un Prince bon , juste, émi-
nemment vertueux, doux et clément.

Nobles Français des armées ! je ne
veux, à Dieu ne plaise, vous blesser
dans votre gloire ; je ne veux pas non
plus vous offenser par l'adulation ; je
ne veux pas vous tromper. Je veux
vous parler en compatriote, en con-
citoyen, en frère d'armes, car depuis
long-temps j'ai fait et je fais partie des
armées françaises, à jamais illustres.

C'est au nom de notre Roi que nous
devons nous rallier ; c'est dans lui que
nous devons, de bonne foi et sans ré-
serve, confondre notre amour et notre
espérance. C'est dans le cœur et l'ad-
ministration paternelle de Louis XVIII,
notre Roi, que nous trouverons une
source intarissable de vertus et de
bienfaits.

Oublions de trop funestes dissen-
tions ; environnons notre bon Roi de
notre confiance et de nos bras dé-
voués. Il est notre chef, notre appui ,

notre père ; c'est en lui que sont les meilleures garanties ; c'est avec lui que nous serons libres et heureux. Nous n'aurons pas cette liberté farouche qui détruit l'ordre, le repos, blesse tous les intérêts, ce fantôme dont les plus odieux charlatans se sont servis pour effrayer, abattre, dominer, persécuter, ensanglanter et dépeupler le monde. Nous aurons la liberté tutélaire qui donne et la paix et le bonheur.

Que tous les cœurs s'unissent à ma voix, à la voix de la patrie ! Que la guerre cesse, que l'affreuse dévastation ait un terme, que la mort brise sa faulx ! Vive le Roi !

J'aime à le croire, mes camarades, vous avez partagé l'élan de mon cœur ; mais, je vous le répète, je ne veux pas vous surprendre, c'est à vous persuader que j'aspire.

Je vous ai fixé sur la position diffi-

cile, fausse et inconvenante où de cou-
pables suggestions vous ont placés.

Je vous ai démontré, je m'en flatte,
que ce n'est qu'au nom du Roi de
France que l'armée française doit et
peut exister.

Cédez-vous à ce principe éternel?
Seriez-vous encore dans l'incertitude?
Concevriez-vous plus long-temps des
soupçons, des préventions, des al-
larmes?

Amis! que voulez-vous? que deman-
dez-vous ?

Je vous connais, je vous entends,
je réponds ici pour vous-mêmes, et je
commence par témoigner ici en votre
nom, vous ne me démentirez pas, j'en
suis sûr, toute votre horreur du carac-
tère de rebelles que vous imprimerait
une plus longue résistance.

Nous demandons, dites-vous, un
Gouvernement sage, ferme, réparateur, qui se fasse respecter au-dedans
et au-dehors, qui s'associe toutes les

lumières et tous les vœux, qui maintienne la dignité des hommes, qui honore les braves, qui protège les arts et le commerce, qui se fonde sur des institutions sacrées pour le bonheur et la gloire de la génération actuelle et des générations futures.

Tels sont vos souhaits, enfans et défenseurs de la Patrie !

Eh bien ! écoutez ici ce que proclame le génie de la France :

« Oui, Français ! sous votre Roi,
« sous les fils du bon Henri, vous joui-
« rez des biens que vous réclamez et
« que vous avez mérités. Le Gouverne-
« ment de Louis XVIII sera sage, fer-
« me et réparateur ; il saura se faire
« respecter au-dedans et au-dehors :
« votre Roi, secondé des plus nobles
« efforts, animé et dirigé par ses ver-
« tus, s'associera toutes les lumières et
« réunira tous les vœux ; ce Roi, dont
« l'ame est magnanime, qui a les en-

« trailles d'un père, dont le mérite au-
« guste n'est pas contesté, dont la rai-
« son est supérieure , mettra sa souve-
« raine étude à maintenir la dignité des
« hommes, à honorer les braves qu'il
« chérit, à protéger les arts et le com-
« merce, vraies richesses des Etats ; ce
« Roi, éprouvé par le malheur et plus
« grand que le malheur, en conservant
« ses droits imprescriptibles au trône
« de France, les rendra encore plus
« chers et plus saints par sa Charte
« constitutionnelle revue et améliorée ;
« cette Charte deviendra le palladium
« et le gage de la gloire et du bonheur
« de la génération actuelle et des géné-
« rations futures. »

Mais, direz-vous encore, braves amis !
devons-nous céder à la force ? Devons-
nous nous humilier devant des armées
étrangères, telles nombreuses qu'elles
soient ? Les guerriers français comp-
tent-ils leurs ennemis ? Après tant d'ex-

ploits qui ont rendu nos armes fameuses, devons-nous les abaisser, les déposer en supplians?....

Je vous arrête, camarades; ne prononcez plus des mots qui m'indignent autant qu'ils vous indignent : non, non, l'humiliation n'est point faite pour les soldats français, pour des guerriers dont la vaillance est appréciée, admirée, célébrée par leurs amis et leurs ennemis, par leurs émules et leurs rivaux en gloire !.... Non, non, vous ne céderez pas à la force, vous céderez à votre véritable gloire, à l'honneur véritable, à votre Roi... Roi bien-aimé et digne de l'être.

Armée française ! vous n'aurez plus d'ennemis.

O doux momens d'une réconciliation générale ! venez enfin donner de beaux jours à la France ! à l'Europe ! Que votre propice influence vienne porter la consolation et la joie dans tous les états, dans toutes les familles !

Français ! nous allons goûter le bonheur de cette réconciliation générale ! En paix avec nous-même, en paix avec nos voisins et avec le monde, sous de bonnes lois, sous l'égide d'un bon Roi, nous ne nous souviendrons de nos malheurs que pour mieux sentir notre position nouvelle et durable ; et la France, la belle France, sera ce qu'elle doit être, libre, forte, puissante, heureuse et chérie.

Vivent le Roi et les Bourbons !